Quelle PEUR !

École de la Renaissance
PROJET PETIT LION

Titre original de l'ouvrage : *El desván*/El miedo

ISBN : 2-04-18192-X
Dépôt légal : septembre 1988

Imprimé en Espagne en août 1988
par Sirven Gràfic
Gran Via, 754 - Barcelona (Espagne)
Dépôt légal : B. 27.898-88

Bibliothèque des cadets

Le Temps des expériences

Quelle PEUR !

Traduction: C. Díaz - Bosetti
Adaptation: E. Bosetti et S. Goulfier

Bordas

Qu'est-ce que la peur ?

La peur fait trembler... Tout le corps tremble... on ne peut plus bouger, on est figé... le cœur bat très fort... on rougit... on pâlit... c'est la peur : épouvante, terreur, panique ? Parfois c'est moins grave, ce sont seulement des craintes.
Tout le monde connaît ou connaîtra un jour la peur, à un moment de sa vie, dans certains lieux...
Les animaux aussi ont peur, ils le manifestent autrement qu'avec des mots.

Il était interdit de monter au grenier. Grand-mère Émilie disait qu'il y avait trop de choses qui pouvaient se casser ou s'abîmer. Mais moi, je savais la vérité. Bien des années auparavant, le frère de Grand-père, l'oncle Guillaume, y avait laissé une malle pleine de secrets...
Ma sœur me l'avait raconté, même que dans la malle il y avait un squelette... elle l'avait vu un jour, quand elle était petite : en cachette, elle avait espionné l'oncle et Grand-père pendant qu'ils étaient là-haut.
Je mourais d'envie de voir cette malle. Il m'arrivait même d'en rêver : je rêvais que je montais tout doucement le petit escalier étroit, que j'ouvrais la malle et... que je découvrais le squelette. Mais je n'avais jamais osé le faire...

Un jour, j'ai réussi !
C'était un mercredi après-midi, en été, et j'étais en vacances chez mes grands-parents. Je venais de sceller un pacte d'amitié avec Pierre, qui habite la « tanière », un pacte de sang qui nous oblige à partager les secrets et à ne jamais les confier à personne. Tout de suite, je lui ai raconté l'histoire de la malle et du squelette.
Pierre m'écoutait les yeux écarquillés, et à peine avais-je fini qu'il a sauté de joie, désireux de monter au grenier.
— Montons, pendant qu'ils sont tous aux champs ! dit-il tout excité.

Le soleil était déjà tout près de la montagne derrière laquelle il se cache tous les soirs, mais il faisait encore clair.

— Et si on laissait ça pour demain matin ?

— Tu as peur ! se moquait Pierre, lâche, va !

Peur... peur... pas vraiment peur ! Mais quelque chose au creux de l'estomac, tout de même. Pierre fourra sa main dans sa poche et en sortit une petite lampe.

— Tu vois ? Avec ça, on ne peut pas avoir peur.

— Pas la peine, Pierre, il y a de la lumière là-haut. Allez, on y va !

Nous montions l'escalier, de la même façon que je l'avais fait en rêve, tout doucement, impressionnés par le silence et l'obscurité qui nous enveloppait peu à peu. Pierre aussi se taisait.

Parvenus au seuil du grenier, nous nous sommes regardés. Mon cœur battait très fort. Pierre avait les yeux brillants. Les gonds de la porte grinçaient un peu... nous y étions enfin ! Sans rien dire, je lui ai montré la malle, à moitié cachée dans un coin sous un tas de bûches.
— Comme c'est sombre ! a murmuré Pierre, on pourrait ouvrir un peu le volet, non ?
Je l'ai arrêté.
— Non ! Mes grands-parents peuvent nous voir des champs, et alors ce sera ma fête ! On va regarder ce qu'il y a dans cette malle.

Mon cœur battait à tout rompre, comme s'il avait voulu s'échapper. Pierre ne le disait pas, mais lui aussi était nerveux. Vite, nous avons retiré les bûches et deux paquets de « je ne sais quoi »... et la malle a été à nous !

— Vas-y, ouvre-la, me dit mon copain, moi, je reste là pour te couvrir.

Le cadenas était tout rouillé et je ne parvenais pas à faire tourner la clef... je pensais ne jamais y arriver... un grincement s'est fait entendre... et... la malle a été ouverte. Dedans ?... du linge, du vieux linge sale.

— Le squelette doit être en dessous, a chuchoté Pierre, retire-ça !

Il s'est retourné, a tendu la main vers l'endroit où nous avions déposé le bois, a saisi une bûche et a poussé un cri...

Je réussis à peine à articuler : qu'est-ce qui se passe, Pierre ?

— Quelqu'un... quelqu'un m'a touché la main...

Nous étions cloués sur place, immobiles près de la malle. Mon cœur battait si fort que je l'entendais partout, je ne pouvais presque plus respirer. J'ai regardé l'endroit que Pierre montrait du doigt et je n'en ai pas cru mes yeux... c'était un fantôme! Ça c'est sûr... le fantôme du squelette qui voulait se venger de nous parce que nous l'avions dérangé!
— Viens, cours! s'est écrié Pierre.

Impossible de bouger. C'était comme dans les cauchemars, quand tu veux courir et que tu n'y arrives pas. Et pendant ce temps-là, le fantôme du squelette grandissait, grandissait et se moquait de nous. Alors, quelque chose est passé tout près de nous, nous a frôlé la tête.
Nous avons crié tous les deux et nous nous sommes baissés en même temps, mais, même comme ça, pas moyen de se cacher. On ne pouvait pas voir qui c'était !
Pourtant il y avait bien quelqu'un dans ce grenier, quelqu'un qui se moquait de nous, nous frôlait, qui nous touchait les pieds, les cheveux...
Et tout est devenu de plus en plus sombre !...

Il fallait atteindre l'interrupteur. La peur desséchait nos bouches et nous pouvions à peine avaler notre salive. À quatre pattes, sans perdre de vue le fantôme du squelette, qui riait toujours, nous sommes arrivés près de l'interrupteur. D'un bond, je me suis levée et j'ai appuyé. Rien ! Pas de lumière... et le fantôme riait, riait toujours... et maintenant, il n'était plus tout seul : il y en avait d'autres avec lui. Il fallait de la lumière à tout prix...

— Vite ! Ta lampe, Pierre.

Nous avons eu la même idée en même temps : Pierre, la lampe à la main, visait le fantôme, mais le filet de lumière était si faible qu'il le transperçait sans aucun effet.

— Il faut qu'on ouvre le volet, même si on est punis pendant toute une semaine ! a dit Pierre.

La peur nous donnait des ailes. Tout en nous protégeant la tête, nous avons couru vers la fenêtre. Pierre agitait la lampe comme si c'était une épée et, enfin, un bon rayon de lumière a rempli la pièce. À cet instant même, les fantômes ont disparu.

Sans prendre le temps de refermer la malle et de replacer correctement le tas de bois, nous avons dévalé l'escalier et nous nous sommes arrêtés dans le potager encore tout essoufflés de notre course.
Ce que je vous ai raconté s'est passé il y a seulement un mois et nous en sommes encore à nous demander si le fantôme était vrai ou pas. Ma sœur dit que nous l'avons imaginé et que nous sommes des lâches.
Peut-être essaierons-nous encore l'été prochain... nous avons eu terriblement peur, mais c'était tellement excitant...

POUR LES PARENTS
ET LES ÉDUCATEURS

La peur

À un moment ou à un autre, nous sommes tous confrontés à la peur. Dans le meilleur des cas, elle s'atténue mais elle peut s'intensifier, devenir omniprésente et affecter tous les actes de notre vie. Quand les enfants ont peur, nous, adultes, devons agir pour les rassurer et les aider à avoir une conduite adaptée face à un danger réel ou imaginaire.

Nature de la peur

Est-elle héréditaire ? S'acquiert-elle dans le milieu familial ou dans l'environnement ? Se transmet-elle par identification ? Les peurs vécues dans l'enfance ont-elles des conséquences irréversibles ?

Toutes ces questions préoccupent parents et éducateurs.

La peur est un phénomène lié à l'instinct de conservation. Lorsque l'individu sent que sa vie est en danger sur le plan physique ou psychique et qu'il n'a pas de réponse immédiate pour y remédier, il a peur.

Il faut une certaine force physique et un système défensif suffisamment solide pour évaluer les situations de danger réel auxquelles nous sommes confrontés et pour trouver des solutions adéquates. Nous devons prendre conscience de la dimension imaginaire de ce que nous éprouvons comme dangereux pour nous en préserver.

Dans le meilleur des cas, la peur est un signal d'alarme. Si elle ne peut être maîtrisée rapidement et dépassée, elle bloque les processus vitaux, déforme la réalité, envahit l'imaginaire et devient une source de perturbations.

Les peurs de l'enfant

Entièrement dépendant à sa naissance, l'enfant évolue en acquérant peu à peu son autonomie ; il est donc particulièrement sensible au milieu dans lequel il vit, aux contacts affectifs, à la relation père-mère, à la stabilité et à la cohérence des personnes qui l'entourent. C'est dans tout ce réseau de relations qu'il trouvera ou non la sécurité physique et affective, qu'il développera des peurs plus ou moins intenses. Il fera successivement l'expérience de certains types de peur : peur d'être annihilé, de ne plus exister – cela survient notamment pendant la période d'unité biologique avec la mère – peur de perdre l'être aimé, lorsque celui-ci disparaît de sa vue, puis peur des critiques, des punitions, peur de ne pas être « aimable »...

Certaines peurs s'atténuent à mesure que progresse le développement de la mémoire, de l'intelligence, de la logique, que s'affaiblit la pensée magique et que s'affirme la prise de conscience du monde réel.

Tout facteur d'insécurité peut être à l'origine d'un trouble chez l'enfant. Selon la personnalité de celui-ci, cela peut aller de la crainte banale à des états de terreur (par exemple, terreurs nocturnes avec perte de conscience).

Ces peurs ont toujours des explications pertinentes. Dans certains cas, elles trouvent leur origine dans des conflits psychiques très anciens, et l'aide d'un psychothérapeute est nécessaire pour amener le sujet à explorer sa première enfance.

Certaines manifestations de la peur sont très courantes chez les enfants : par exemple, la peur de l'obscurité, liée à la peur de la séparation et de la solitude, qui déclenche un sentiment d'insécurité en éveillant la crainte de l'inconnu (l'imaginaire peut faire apparaître des fantômes...), exprime la faiblesse du *moi* immature et la désorientation panique qui s'empare de l'enfant quand il doit faire face à des impressions inconnues qu'il ne peut ni maîtriser ni assimiler.

Comment éviter les peurs enfantines?

Faut-il les éviter ? Il faut en tout cas s'efforcer de créer autour de l'enfant un climat serein et les conditions d'une vie équilibrée et saine, répondre à ses questions pour dissiper ses craintes, voire ses angoisses, qui sont liées à des rapports de plus en plus variés et complexes avec la famille, l'école, le monde.

L'attitude des adultes et aussi leurs efforts pour vaincre leurs propres peurs sont très importants : tout le monde peut constater que des parents ou des éducateurs « peureux » transmettent des peurs à l'enfant ; ils ne peuvent avoir une attitude sécurisante, n'étant pas eux-mêmes sécurisés.

Les adultes doivent bien sûr expliquer les dangers réels et doivent pouvoir être des référents, ce qui ne signifie pas qu'ils soient infaillibles et sans peur, mais disponibles et attentifs.